Bibliografische Information der Deutschen Nationalbibliothek: Die Deutsche Nationalbibliothek verzeichnet diese Publikation in der Deutschen Nationalbibliografie; detaillierte bibliografische Daten sind im Internet über www.dnb.de abrufbar.

© 2015, Andreas Dörr

Herstellung und Verlag

BoD-Books on Demand, Norderstedt

ISBN: 978-3-7386-2900-2

Artverwandt
&
Herbstgedanken

Lyrik für die Seele

Artverwandt

Nach „Vorderer Rand der Verteidigung" nun der zweite Gedichtband von mir in einem Jahr. Wieder geht es um „Liebe" oder eher um die „Nebenkriegsschauplätze" der Liebe.
In diesem Band geht es aber nicht um eine Beziehung zwischen einer Frau und einem Mann. Eher geht es hier um die Liebe im Allgemeinen. Die Liebe zum Leben, die Liebe zum Schreiben, die Liebe zu deinem Kind, das auf einer Schaukel sitzt und sich seines Lebens freut. Manchmal geht es aber auch um die Liebe, die man für Dinge gefühlt hat, die längst nicht mehr im eigenen Leben einen Platz haben. Jene, die tief in der Kindheit vergraben sind und von Zeit zu Zeit aufblitzen, wie der Gedanke an das Lieblingsstofftier, das man ab und an doch noch vermisst.
Manchmal möchte man diese Gedanken

wegsperren. Sich ihnen unter keinen Umständen stellen. In dunklen Stunden mag dies die Seele retten, aber in den hellen Stunden, sollten wir es tun: Uns diesen Gedanken stellen !

Denn sie sind „Artverwandt"

Herbstgedanken

In meiner Jugend, genauer gesagt im Alter von 14 Jahren, begann ich zu schreiben. Erst war es nur ein Gedicht. Dann folgten Kurzgeschichten. Danach war Stille! Über viele Jahre hinweg schrieb ich kein einziges Gedicht mehr. Keine einzige Geschichte brachte ich zu Papier. Hier im zweiten Teil dieses Buches habe ich alle Gedichte zusammengetragen, die ich während meiner Jugendzeit geschrieben habe. Viele davon handeln von Liebe. Einige davon handeln auch von den inneren Zwängen und der Unzulänglichkeit, der man in seiner Adoleszenz ausgesetzt ist.

Inhaltsangabe zu Artverwandt

Über das Schreiben

Vorhängeschloss

Sitzend

Erinnerung an die Kindheit

Kopfkino

Engelskleid

Reales Traumleben

In deinem Flügel

Dachboden

In stillen Ecken

Die vergrabene Gabe

Herbstsommer

Das Erbe

Leider nur ein Traum...

Erzähl mir mehr

Nebelkind

Heute war der letzte Tag

Hörst du die Stille ?

Der Wettermann sagt...

Der Anfang von diesem Ende

Es ist ein wahrhaft wunderbares Zeichen

Deckungsgleich ?

In Träumen

Rückkehr

In einem endlos gelebten Traum

Wenn der Sturm nachlässt

Königin der Schaukel

Kehrt Marsch

In Shallah

Dein Kind

Angenehm betäubt

Narbenkind

Liebesspiel

Es rappelt in der Kiste

Das Ende

Auf meiner Begräbnisfeier

Inhaltsangabe zu Herbstgedanken

Der Farbenmann

Niemals genug

Dein Schmerz

Wolken im Hirn eines Fremden

Kleine Geschichte der verlorenen Zeit

In einer Nacht wie dieser

Traum, der nie vergeht

Schwarzes Land

Die Dunkelheit deiner Seele

Der Wolf

Prolog zur Wiedergeburt

Liebesbrief

Deine Nähe

Kleines Gedicht am Rande der Wirklichkeit

Brief an eine gute Freundin

Rückblicke

Herbstgedanken

Das Lebenselixier

Gib mir deinen Gott

Rebecca (Eine Nacht vielleicht)

Mein Lichtertraum

Erfahrungsbericht

Ich im Internet

www.andreas-doerr.de.rs

Über das Schreiben

Der Versuch, nein, das Schreiben selbst in seiner innersten Form nach außen dringen zu lassen, ist das was mich antreibt. Gäbe es das Schreiben nicht, gäbe es mich nicht. Gäbe es mich nicht, gäbe es dann das Schreiben? Sicherlich in einer anderen Form, als ich es kenne. Das bedeutet aber nicht, dass ich schreibe und Schreiben nur existiert, wenn oder falls ich existiere. Existenz in seiner Schreibform existiert weiter, auch wenn niemand mehr da ist, der es liest oder es aufschreibt. Soweit ich mich erinnern kann, habe ich immer geschrieben. Irgendwie. Sei es auf ein Blatt Papier oder sei es in meinem Kopf mit Gedankenstift in meine Gedanken auf Gedankenpapier. Das hält aber nicht für die Ewigkeit. Ewigkeit! Das ist es doch! Man will hier ewig bleiben. Man will etwas hinterlassen. Man ist so egoistisch gegenüber dem Leben und der Natur, dass man unbedingt etwas hinterlassen möchte, auch wenn die Natur will, das man nicht mehr auf Erden wandern soll. Ich will! Ich will! Ich will aber noch hierbleiben! Ich möchte nicht gehen! Schreiben ist der infantile Versuch, ein Stück von sich selbst in der Welt zu lassen. Ob die Welt will oder nicht! Schon sehr egoistisch und krank. Aber so ist das mit dem Schreiben. Egoistisch und krank. Als würde es nur um einen Selbst gehen. Um seine eigenen Gefühle und Gedanken. Macht man sich beim Schreiben – beim wirklichen Schreiben – eigentlich auch Gedanken um andere? Drückt man deren Gefühle aus? Eher nicht! Eher verletzt man sie, lässt sie dumm im Regen stehen. Weil sie nicht verstehen oder auch verstehen wollen, was man hier schreibt. Was man von ihnen will! Dabei will man nicht viel! Nur, dass jemand zuhört. Dass jemand merkt, man sitzt hier in einem Käfig, schaut nach außen aber niemand schaut zu einem rein.

Man interpretiert, das was man hört, denkt, fühlt, aber niemand sieht es. Niemand sieht den Menschen in seinem Käfig, der verzweifelt versucht sich zu retten. Sich mitzuteilen, damit er vielleicht gerettet wird. Manchmal, aber nur manchmal und sehr selten, bleibt jemand vor diesem Käfig stehen...hört...schaut und blickt dich plötzlich an. Dieser öffnet die Tür, kommt herein, schaut dich an und spricht: Ich verstehe dich! Ich habe zugehört. Komm! Nimm meine Hand! Nur dieses eine Mal. Lass es geschehen. Spüre die Wärme meiner Hand. Spüre das Vertrauen. Schreibe über diese eine Hand, über dieses eine Gefühl. Umarme dieses Gefühl. Tu was du willst mit diesem Gefühl.... Schreibe!

Vorhängeschloss

Du schiebst die Gedanken wieder in die Schublade zurück. Kaufst dir ein Vorhängeschloss. Passt auf, dass es nicht zu viel kostet und hängst es vor die Gedanken in der Schublade. Setzt dich davor und klotzt. Schneidest Grimassen und wischst dir die Tränen von den Wangen. Brennende, wässrige Erinnerungen an das, was geschehen sein könnte. Rot. Du denkst an Rot. Rote Gefühle und rote Tränen. Blut ist es nicht, aber etwas, was zu deinem Leben gehört. Essentiell ist. Auch denkst du an Sonnenstrahlen und Wasser und Gras. Du denkst an so vieles. Und du denkst an den Wunsch, das Vorhängeschloss kaputt zu schlagen, die Schublade auseinander zu nehmen und die Gedanken zu umarmen.

Du hast es getan! Splitter in deinen Fingern und in deinem Auge. Wütend. Du bist wütend. Über dich.

Über die Schublade. Über deinen Übereifer. Wütend auf die Gedanken, die du mit deinen blutverschmierten Fingern umarmst. Sie werden schmutzig durch das Blut an deinen Fingern, das der Splitter der Schublade verursachte. Gedankenentweihung. Es tut dir leid. Du spielst mit dem Gedanken eine neue Schublade zu bauen. Du brauchst ein Vorhängeschloss!

Sitzend

Du bist nur ein Freund. Ein zarter, weichgezeichneter Blick, der nur noch zögernd durch den Schleier meiner Augen scheint. Ab und zu blitzt du noch auf, wenn ich gerade an nichts denke.
Dann bist du da ! Ein gutes Gefühl ! Eine zärtliche Berührung in meinem Herzen.
Ein entfernter Freund, der plötzlich in mein Zimmer tritt und mich anlächelt.
Es tut gut an dich zu denken. Es tut gut, wenn du plötzlich hereinspazierst und dich einfach ein wenig zu mir setzt.
Ich betrachte dann dein vertrautes Gesicht und denke an viele schöne Stunden.
Ich beobachte deinen Blick, wie er wandern geht.
Dein Lächeln, wie es mich wieder um den Verstand bringt.

Du bleibst dann kurz da, blickst, lächelst und reißt
die Wände wieder ein, die mich langsam umgeben.
Du bist ein Freund. In meinem Herzen
angekommen, dort wohlfühlend und sanft landend.

Erinnerungen an die Kindheit

Das Blau am Himmel sieht milchig aus. Verfärbt. Leicht ins Graue abdriftend. Die Vögel ziehen ihre Bahn. Die Geräusche des Morgens erreichen langsam, leise meine Ohren. Die inneren Ängste haben aufgehört zu schreien. Sie sind wahrscheinlich eingeschlafen. Vom Schreien müde geworden.

In Momenten wie diesen, wenn man so da liegt und in die Welt hineinhört, wo noch keine anderen Geräusche zu hören sind, wie die des beginnenden Tages.

In diesen Momenten kommen einem die Sorgen, die man hat, vor wie kleine Papierkügelchen, die man als Kind seinen Mitschülern ins Genick gepustet hat. So dass sie ihre Hand an den Hinterkopf halten, sich umdrehen, böse gucken und dann doch lachen. Je älter der Tag wird, umso intensiver die

Geräusche werden umso größer sind auch die Kugeln aus Papier. Bis sie in einer lauten, vorgerückten Stunde so groß sind, dass sie nicht mehr in das Blasrohr passen, nicht mehr auf die Schulbank passen, nicht mal mehr ins eigene Klassenzimmer.

In diesen Stunden wäre es mir lieber, die Ängste würden wieder zu schreien anfangen!

Kopfkino

Du spukst in mir herum, wie ein verlorener Geist.
Wie ein verräterischer Gedanke, der in mir kreist.

Du liegst im Gras, das Mondlicht schimmert.
Sei ganz still, dann hörst du meine Seele, wie sie wimmert !

Ich schaue dich an, Sterne funkeln in deinen Augen.
Deinen Geist in meinen Händen, ich würde ihn gern rauben !

Erzähl mir von dir und deinen Träumen, während wir uns halten.
Schenk uns das Vertrauen uns hier zu entfalten.
Schenk mir den Kuss, der raubt uns die Sinne.
Während ich den Hügel deines Lebens erklimme.

Ich will wissen, was dich trägt, wiegt und dich schützt.

Ich will spüren, wie du mein Innerstes küsst, das vor dir liegt, bereit ist für dich.... sowie ich hoffe du auch für mich !

Engelskleid

Wenn ich im Geiste dich umarme, kehrt Ruhe in mich ein.
Es ist, als ob in meinem Leben, nimmer mehr wird Hektik sein.
Ich atme in diesen stillen Augenblicken, manch erstrebenswerte in mich ein.
Und schau dabei in meine Mitte und höre endlich nur uns zwei.

Dankbar bin ich und war es immer ! Für alles, was du tust und tatest.
Es trägt mich nun dein zarter Schimmer. Ich lass es zu, weil du mich batest.
Deine Schultern engelsgleich am Morgen, schlagen ihre Flügel weit.
Du spiegelst dich, ganz ohne Sorgen, in meinem Schoße liegt dein Kleid.

Gewebt war es mit meiner Schuld, mit meiner Sünde ewiglich.

Ich ließ dich niemals hier im Stich! Erhöre mich!

Sei königlich !

Dein Körper spreizt nun deine Flügel weit. Sanft sehe ich dein Lachen.

Du ziehst es wieder an – dein Kleid – und öffnest weit den Rachen.

Du schreist meinen Namen hallend laut, es schmerzen sanft die Ohren.

Ich spüre deine Narben brennen auf meiner Haut.

Ich fühle mich erfroren !

Reales Traumleben

Nun lasst uns alle Träumerei vergessen !
Und blicken in stille Realität.
Fragen wir auch sehr vermessen,
ob es uns dann besser geht ?

Ob wir dann die Liebe finden oder rational gedacht,
die Menschen um uns ewig binden, versteckt in
tiefer, schwarzer Nacht.

Machen die Träume uns nicht zu besseren Leuten ?
Und lassen uns erblicken den hellen Tag ?
Helfen uns die Friedensglocken läuten ?
Weiterleben auch nach dem Sarg ?

Realität und Träumerei im Geiste stets im Lichte !
Verdrängt, vergessen, weggesperrt.
Ist kein gutes Lebensziel.

Wohl an, in kühler Luft, im eiligem Schritte, fern von Angst und Zitterei.

Strebe ich nach symbiosenhafter...

... Realitätsträumerei.

In deinem Flügel

Flügelleicht spüre ich deine Berührung.
Wie ein Kind, das den mütterlichen Arm spürt.
Es bringt mich nahe an eine Offenbarung.
Dieser Flügel, der meine Schritte führt.

Vertrauen ist das größte Hindernis.
Es steht so grausam hier im Raum.
Wie ein Vorhang, der einmal zerriss.
Wie ein achtsam weinender Clown.

Ich verspreche Dir manch schöne Sachen!
Und lass mich dabei fallen.
Halt mich fest...lass es mich machen.
Und komm, zeig mir deine Krallen,
die mich halten, nicht loslassen.
Lerne mich zu lieben und nicht zu hassen!

Dachboden

Hitzig liegend, hitzig redend,
vieles vergessen von dem Elend.
Das mich umgibt, das hier ausflippt.
Das mich schubst, das mich zum Narren hält.
Das nur noch dir gefällt. Das mich reißt, das mich
beißt, das den ganzen Laden hier durcheinander
schmeißt.

Das unter Trümmern hier begraben liegt.
Das den Wahnsinn hier besiegt, das mich zum
Schwitzen bringt, das nach meiner Liebe ringt, das
umfällt vor Lachen, das Spaß hat an solchen Sachen.
Das, das hier liegt, hitzig redet.
Falsche Propheten! Und einfach Falsches betet.

In stillen Ecken

In stillen Ecken mich verstecken. Streiche aushecken.
Mit vorgehaltener Hand lachend. Dumme Sachen machend.
Kinderaugen strahlen sehen. Wer kann das noch verstehen?
Wo wir waren in diesen Zeiten.
Meine Gedanken sanft entgleiten zu den Orten wunderbar.
Wo ich als Kind sehr glücklich war.
Wo ich spielte ohne Sorgen. Darf ich mir dein Kettcar borgen ?
Darf ich spielen mit den Steinen ? Warum tut der Christian weinen?
War ich böse oder schlecht ? Das hier ist mir gar nicht recht !

Komm zurück! Gedanke! Schnell! Es wird mir
gerade hier zu grell!!!

Die vergrabene Gabe

Wie wolkenschwer sind meine Gedanken.

Gefühlte, wässrige Pupillen.

Weißt mich doch in meine Schranken.

Meine Haut, verstaubt...die Rillen.

Die Furchen meiner Seele...im Dunklen still erkannt.

Die Liebe schreit: ich fehle !

Gefühle an die Wand !

Den Kopf tief im Nebel vergraben.

Erwarte ich stumpf klingende Ironie.

Die Wolken stumm erhaben.

Nur Erkenntnis sehe ich nie.

Erkenntnis, die mich treibt zurück,

zu den altbekannten Gestaden.

Dieses kleine Stückchen Glück,

das andre längst schon haben.

Das ich suche und bestimmt gefunden habe.

Im Stillen, eine laut vergrabene Gabe.

Herbstsommer

An diesen Tagen, die so trüb sind, wünsche ich mir, ich wäre ein Vogel.
Der höher steigt und höher und den Wind unter seinen Flügeln spürt.
Ich lasse mich treiben. Treiben mit dem Wind und werde zu einem Spielball.
Der Wind spielt mit mir, wie ein kleines Kind mit seinem Ball.
Ich steige höher und mache mich bereit für den Sturz nach unten.
Weit hinab in die Tiefen der Täler und in die Schluchten der Berge, die noch unter mir liegen.
Lass diesen Vogel, der ich bin, auch durch deine Schluchten und Täler fliegen. Lass diesen Vogel, der ich bin, sich alles anschauen und entscheiden, wo er landen will.
Wenn du das überhaupt willst. Wenn du dazu

bereit bist. Wenn du ihn auffangen willst.
Falls du deine Arme ausbreitest und ihn in deine
Hände legen willst. Falls du es nicht bist, so lass es
mich wissen.
Denn der Vogel hat keine Flügel. Der Vogel hat kein
Gefieder. Der Vogel hat keinen Schnabel. Denn er
stürzt bereits immer tiefer und tiefer in sich selbst.
Bis er schließlich nicht mehr zu sehen ist und man
sich fragt, was ist bloß mit diesem Sommer los ? Kalt
ist er und die Vögel schon längst wieder in Richtung
Süden aufgebrochen. Bereit, nie wieder
zurückzukehren !

Das Erbe

Fragen quälten so sehr meine Seele. Jetzt weiß ich Bescheid.
Jetzt ist mir bewusst, was mein Wesen entzweit.

Ein Glied der Familie zerbricht an sich selbst, ein anderer multipliziert seine Welt.
Ein anderer mit Angst, ganz verzweifelt von Panik gequält und ich hier im Stillen mit Gefühlen gepfählt.

Der Wahnsinn im Stillen, ganz laut im Verhandeln. Der Geist meiner Seele im täglichen Wandel. Das Gute, das Böse, das Dunkel, das Licht. Alleine uns allen fehlt die Zuversicht, hier zu stehen und zu denken, es wird wieder besser.
Das Ende noch offen. Von Gefühlen getroffen.

Leider nur ein Traum

Dieser kleine Moment, der tief in der Erinnerung vergraben, plötzlich, unbemerkt, aber doch stark im geistigen Licht aufspringt und sich seinen Weg in Richtung Bewusstsein gräbt. Nach einer Weile dort ankommend und gar kindliche Verzückung hervorruft.

Diese Erinnerung:

Sonnenstrahl durch feines Glas auf kindlich vergnügte Haut.
Den Roller im Keller abgestellt und vorfreudig aufs Abendbrot schielend.
Die Mutter in der Küche vorbereitend, Vater mit Bierflasche im Wohnzimmer sitzend, Fernsehen schauend. Liebende, friedliche Blicke austauschend mit seinem müde

lächelnden Sohn. Der Duft von Eiern erfüllt das Zimmer. Einatmen.

Stehend als Erwachsener in einem kalten, möbelleeren Raum voller Staub und toten Erinnerungen an die warmen Sonnenstrahlen, die sich durch feines Glas auf der Haut des Kindes verfangen.
Noch einmal die streichelnde Hand der Eltern, noch einmal den wohligen Duft der Bettwäsche riechend, noch einmal den Gesang des Vaters hörend in diesen Traum eintauchen. Die Realität zurückholen und sanft mit ihnen entfliegen können.

Das ist die wahre Kunst des infantilen Träumens !

Erzähl mir mehr

Erzähl mir mehr von dir.

Ich hör dir gerne zu.

Dafür bin ich hier.

Und kam im Nu.

Es gefällt mir sehr, dich hier zu sehen.

Deine Hand zu halten und dein Herz.

Ich möchte nie wieder gehen.

Beide würden wir fühlen den Schmerz.

Erzähl mir bitte aus deinem Leben.

Für mich kann es nichts Schöneres geben.

Wenn du mir erzählst, wie es war.

Es war vielleicht nicht alles wunderbar, aber

alles gehört zu deinem Weg.

Sei mir nicht böse, wenn ich dabei in deine Augen blicke.
Sehe es mir nach, wenn ich mir Fantasien stricke.
Wenn deine Nähe und dein Duft an mir saugen.
Wenn ich deine Haut spüre und deine Stimme in meinen Ohren klingt, ist es, als würde ich am Meer stehen, wenn die Sonne in den Wellen versinkt.

Wenn meine Finger über deine Haut wandern, so warm und so weich, sehe ich dich in mir wohnen, wie ein Engel in seinem Reich.

Nebelkind

In einem Zustand immerwährender Unsicherheit
gehe ich durch mein Leben.
Seltsam, wenn man dies von sich selber sagt.
Freundlich geht mein Herz mir entgegen,
freundlich, bis die Unsicherheit an mir nagt.

Was wandert oft die Seele, still im Nebel ruhig und
schwer.
Wo vieles bereits wanderte und verwehte ins
Nimmermehr.
Ein Kind steht still und regungslos an nebeltrüben
Seen.
Es blickt ins Leere, spricht dabei: Werde ich dich
wieder sehen?
Das Kind sieht die Gestalt der Mutter sanft übers
Wasser gleiten.

Der Vater hinterher, auf wilden Pferden reiten.

Das Kind, es möchte allzu gern mit diesen Pferden spielen.

Mit der Mutter eifrig lachend, den Nebel sanft besiegen.

Das Wasser, es kommt näher, bedrohlich über Steine.

Der Nebel wandert weiter, nimmt die Tränen weg, die ich weine.

Das Kind auf meinen Schultern, blickt ängstlich hin und her.

Ich spüre das Gewicht, das drückt. Wir sehen uns nimmer mehr !

Der Wettermann sagt

Ich warte so sehr auf den Winter, dass es bereits weh tut.
Der Wettermann kündigt den Schnee an !
Der Garten ist aufgeräumt, nichts ist mehr da vom Sommerspiel.
Am Himmel hängen die ersten grauen Wolken und es wird Zeit
die Wintersachen aus dem Schrank zu räumen.

Mein Herz redet von Warten, von Stille und von Zeit.
Zeit, dir wir nicht haben. Stille, die mir zu laut wird.
Und Warten!
Warten auf was ?

Der Schnee beginnt leise zu fallen an diesem Sonntagmorgen.

Der Garten wird weiß. Das Grün verschwindet hinter der Kälte.

Ich ziehe die Handschuhe meines Vaters an und beginne einen Schneemann zu bauen. Der traurig schaut, der beim ersten Sonnenstrahl wieder schmilzt.

Der Wettermann sagt, es wird nun wieder kälter werden !

Der Anfang von diesem Ende

Jetzt fängt es wieder an und du willst, dass es aufhört.
Es zieht dich in seinen Bann und du weißt, dass es hier stört.
Du kämpft um dein Glück und du willst es nicht verlieren.
Du nimmst es zurück und krabbelst auf allen Vieren.
Weg von dem Treiben, weg von deinem Leben.
Weg von dem Reiben, weg auch vom Segen.

Du stehst hier in den Schatten der Schuld und der Sühne.
Es fressen die Ratten den Kult und die Bühne....
deines Lebens,
deiner Freiheit, der Hass und der Gier, du stehst weiter im Abseits, fragst dich, was soll das hier.

Warum stehen die Menschen in der Mitte
des Lebens, warten auf die Wende und warten
vergebens.
Warten bis der Tod eines Tages die Erlösung bringt,
warten bis
der Engel das Lied von der Güte singt.

Du stellst dir die Frage: „Soll ich gehen oder
warten?"
Hasst diese Plage und vergräbst sie im Garten und
wartest und wartest bis das Gras
den Rest übernimmt. Wartest bis es wächst und
rennst dann geschwind zu den Schatten
zurück.....doch sie bringen kein Glück.

Es ist ein wahrhaft wunderbares Zeichen

Dahintreibendes Plätschern.

Farbenfrohes Bild im Inneren des Auges.

Verwaschener, gebogener Regen.

Tiefes Atmen beim Heraustreten aus der Tür.

Leicht fallende Tropfen auf noch warmer Haut.

Leichte Schritte hinab in den Tag.

Das Herz schlägt, der Körper atmet.

Es geht voran ! Noch !

Gedanken malen leicht verworrene Gesten in den Himmel.

Schneeflocken fallen durch das Glas.

Das Haar, leicht verbogen und angegraut.

Müdes Lächeln in silbernen Fäden.

Es ist ein wahrhaft wunderbares Zeichen, wenn ich sehe, was alles vor diesem Abschnitt liegt.

Deckungsgleich ?

Diese stille Bewegung.

Im Geist vereint.

Mag sein, dass ich dich wiedersehe.

Begrüßende Worte.

Nichts ist mehr so.

Hände schütteln, leichte Berührung.

Stille Bewegung.

Zuversicht in den Stimmen.

Baldiges Wiedersehen geplant.

Klar ist das nichts passiert.

Trinken, um zu erinnern.

Den Namen vertrunken und vergessen.

Der Morgen der Berührung schmerzt.

Unter einem Flügel aufwachend.

Verschlafen und unsicher.

Jetzt im Geborgenen.

Morgen unverborgen.

In Träumen

Hattest du nicht mal gesagt, dass du träumst ?

Im Garten still liegend ?

Denkst du, du hast was versäumt ?

Deinen Willen entriegelt ?

Sagtest du nicht, es wird weitergehen ?

Und Du hast mir vertraut ?

Nach oben gucken, den Regen sehen !

Der Traum wird entstaubt !

Gespräch mit deinem Innern !

Es kennt dich genau !

Spürst du dieses Flimmern !

Du weißt, es ist schlau !

Rückkehr

Die Tür öffnet sich – nur einen Spalt.
Der Geruch der Heimat – vertraut und eiskalt.

Du trittst durch die Öffnung in dieser Wand.
Man hätte dich fast nicht wiedererkannt.

Es blicken dich an die Gesichter des Lebens
Enttäuscht schauend! Du lächelst – vergebens.

Der Platz, der deiner war, längst schon verbrannt.
Als hielten die anderen dein Leben in der Hand.

Du stehst vor ihnen und wagst nicht zu reden.
Wartest vertraut, was sie dir jetzt geben.

Widerwärtige Blicke und gleichgültige Haltung.
Gebt mir ruhig die Schuld an der Spaltung !

In einem endlos gelebten Traum

Dort schwebend, leicht im Dämmerzustand.

Liegend auf frischem Gras.

Hinweg-träumen.

Weit weg schemenhaftes Lachen.

Es knistert in den Adern.

Geruch von Morgenluft.

Scheues Blicken in den Himmel.

Sternenhaftes Mondlicht.

Küsten verschwimmen im Meer.

Die Augen klar geöffnet.

Der Mund starr vor Sucht.

Die Ohren taub vom Schrei.

Wenn der Sturm nachlässt

Wenn der Sturm nachlässt.

Das Herz dich in Ruhe lässt.

Die Seele nach Luft schnappt.

Und der Seemann das Seil kappt.

Wenn du treibst aufs offene Meer hinaus,

du in deiner Fantasie Luftschlösser baust.

Dann ist der Sturm so gut wie vorbei!

Wenn du schweißgebadet aufwachst,

durch die Tränen das Feuer wieder entfachst.

Die Glieder schmerzen und das Fieber dein Freund ist.

Du mit deinen Bildern im Kopf erneut allein bist.

Wenn ein Duft in deinen Sinnen hängt und der Gedanke wieder von vorne anfängt.

Dann ist der Sturm so gut wie vorbei !

Königin der Schaukel (Für Johanna)

Auf deiner Schaukel bist du Königin !

Deine Kindheit genieße mit sehr viel Sinn !

Der gelbe Rutschenboden blank poliert.

Die Nase, die Kleidung, die Hände verschmiert.

In der Schaukel liegend, die Wolken betrachtend,

nach

Abenteuern schmachtend.

Das Gras ganz zertrampelt ! So soll es sein !

Genieße deine Kindheit ! So zart und so rein !

Kehrt Marsch !

Ein Soldat erwartet Befehle !
Tut das, was man von ihm will.
Er hat es gut und kann nichts für den Overkill.

Er funktioniert, macht sich keine Sorgen !
Empfängt Auftrag nach Auftrag, durch die Nacht
bis zum Morgen.

Steht stramm ! Greift zur Mütze !
Macht sich Befehle zu Nütze.

Pflegt seine Kleider, stets bereit zum Appell.
Greift zur Waffe ! Schießt ! Sehr schnell !
Wenn es sein muss, ins eigene Herz !
Zeigt seinem Vorgesetzten keinen Schmerz.

Wenn er Glück hat, ist sein Dienst bald zu Ende.

Erwartet dann im Stillen: die Gefühlswende.

In Shallah

So Gott will – werde ich heute den Tag überstehen.
So Gott will – wird er vorüber gehen.
So Gott will – in Shallah

In Shallah – ich muss lernen los zu lassen.
In Shallah – ich will heute keinen hassen.
In Shallah – sind nun mal die Dinge wie Sie sind.
In Shallah – von hier an blind.
In Shallah – so Gott will.

So Gott will – werde ich die Tage ziehen lassen.
So Gott will – werden mich die Engel fassen.
So Gott will – wiegt der Kummer heute schwer.
So Gott will – bringt die Nacht heute mehr.

So Gott will – in Shallah

Gewidmet meinem Vater

Karl Heinz Dörr

28.01.1931 – 05.10.2010

Ich hoffe, es geht Dir gut! Egal, wo Du jetzt bist. Ich liebe und vermisse Dich !

<u>Dein Kind</u>

Oh Papa, du hast mir viel beigebracht !
Oh Papa, du halfst mir durch manch böse Nacht !

Oh Papa, wo bist du nur hin ?

Viele Gedanken drehen sich um dein Leben.
Viele Gedanken darum, dein Andenken zu pflegen.
Viele Gedanken, die ich mir mache, drehen sich um diese Sache.

Wo bist du nun, wo gingst du hin ?

Warum ergibt es keinen Sinn ?

Dich nun zu verlieren, wo so viele Fragen sind !

Es braucht dich hier :

Dein Kind !

Angenehm betäubt

25 Jahre in einem Rausch, der nur für mich existiert.
In meinem flammenden Ich !
In meinem eigenen Schiff, das am Horizont raucht.

Lippen bewegen sich stumm in den Ecken meiner Augen.
Als ich mich umdrehte, war es weg.
Ich lag angenehm betäubt auf der Straße meines Lebens.
Sinnesrauschend begraben unter pinkner Obhut.

Noch einmal spürte ich diese Seiten in mir.
Pulsierend in einem Rausch der Stille.
Eine Spielkunst, die mein Sein berührte.
Bebende Unschuld in den Träumen meiner Jugend.
In den Ecken meines Seins.

Noch einmal angenehm betäubt auf diesem Schiff am Horizont, rauchend mit diesem Flimmern in meinen Augen.

...I have become comfortably numb...

Narbenkind

Deine Narben erzählen Geschichten.
Sie sind nicht da, um dich zu richten.
Sie sind deine – gehören dir.

Deine Haut erzählt von so viel Schmerzen.
Sie sind deine – gehören dir.

Bitte, sei mir nur nicht böse, wenn ich trotzdem traurig bin. Du zeigst trotzdem sehr viel Größe und für dich gibt alles Sinn.

Erzähl mir mehr von deinen Narben, den alten und den neuen.
Erzähl mir mehr von deinen Gaben, vielleicht werde ich mich nicht darüber freuen, aber versprechen dass ich da bin !
Denn für dich gibt alles Sinn !

Liebesspiel

Deine zarte Haut

Wohlriechend – so vertraut

Mit dir in deinem Arm.

Dein Körper – so warm.

Streichelnd deine Sinne berührt.

Ausatmend dein Innerstes betört

Einatmend dein Geschmack in mir drin.

Vereinigung – es verdreht uns den Sinn.

Weiter in Bewegung erstarrt.

In deinen Augen die Sehnsucht verharrt.

Der Glanz auf deinen Lippen.

Das Spiel deiner Hüften.

Mein Leib, der versucht dein Geheimnis zu entlüften.

So fahren wir fort in Hoffnung und Gier.

Vereint hier zusammen.

Vereint hier im Wir.

Es rappelt in der Kiste

Irgendwas habe ich im Keller gefunden!

Irgendwas, das längst vergraben geglaubt war.

Staubig und dreckig durch die Jahrhunderte.

Modrig vertraut.

Liegt vor mir und lächelt mich an.

In einer Kiste versteckt und unter den Krallen

längst vergangener Gefühle in Schach gehalten.

Das Loch, in dem die Kiste lag, war gar nicht so tief !

Jeden Tag bereit, um drüber zu stolpern.

Wie oft stolperte ich und merkte es nicht.

Mut gefunden. Gegraben. Kiste raus genommen.

Geöffnet, geweint und wieder verschlossen.

Vergraben und vergessen.

Beim nächsten Mal werde ich mich nicht mehr wundern, wenn ich über den kleinen Hügel in meinem Keller falle und mir meine Hoffnungen erneut breche.

Am Ende

Die Kellertür die mich angrinst.

Rechteckig und kalt.

Mehr in mir als reale Gestalt.

Düster.

Krank.

Unheimlich heimlich.

Geschlossene, erschossene Willkür.

Deine Entscheidung.

Es scheidet sich die Welt an dieser Tür.

Ein Knacken, wie ein Knurren in diesem rechteckigen Grinsen.

Pochen.

Stillstehend. Still verwehend.

Rausch erkennend. Wegrennend.

Tür bleibt da. Öffnet sich jetzt.

Schwarz.

Ich erkenne mich dort stehend.

Kenne mich dort stehend am Ende.

Auf meiner Begräbnisfeier

Wenn ich da liege in meinem Sarg.

Nicht offen! Geschlossen! So wie ich es mag.

Dann sollt ihr lachen. Wilde Sachen machen.

Lasst es krachen. Trinkt auf mich.

Schaut auf das Grab mit Zuversicht.

Singt meine Lieder, die ich so gerne mochte.

Bei denen, wo mir selbst das Blut so kochte.

Liest meine Gedichte, hört meine Geschichten.

Was gäbe es sonst von mir zu berichten.

Tanzt bis nach Mitternacht, schaut zum Morgen hin.

Sucht in meinem Tod keinen tieferen Sinn.

Behaltet mich lachend in Erinnerung.

Ich bewache eure Herzen, lasse dort nicht zu den

Sprung, der euch selbst verletzt und so quält.

Ich habe dies alles selbst erwählt !

Herbstgedanken

Gedichte aus der Jugendzeit

Der Farbenmann

Ich lebe in einer Stadt, da kommt es vor, dass die Menschen mit langen, blassen Gesichtern die Straße hinuntergehen.

Und dann kommt der Farbenmann und malt alles knallbunt an !
Und er malt wieder Farbe in die Gesichter der Menschen, die aussehen wie traurige Blumen.
Ich liebe den Farbenmann, wenn er hinunterkommt in unsere Stadt.

Der Farbenmann kommt in unsere Stadt und malt !
Er bemalt die Häuser, die aussehen wie kahle, leere Bruchbuden. Und er malt den grauen Himmel wieder blau.

Der Farbenmann kommt in unsere Stadt und malt !

Niemals genug

- Guten Morgen - sprach der Geist in meinem Traum. Steh auf, setze Dich hin und sprich !
Wo willst Du hin ? Was willst Du tun ?
Ich sprach zu ihm: Ich steh nicht auf! Ich setze mich nicht hin! Und sprechen? Werd ich sowieso nicht! Denn ich habe von meinem Traum noch nicht genug!

Dein Schmerz

Du wirst vermisst ! Deine Kraft wird gebraucht !
Nicht von mir, aber indirekt von mir gegeben.
Ich kenne Deine Kraft und habe aus ihr gelernt.
Deine Unsichtbarkeit macht verletzlich, zeugt
von Ignoranz.

Komm und gib mir Deine Kraft, lass mich nicht
schwach! Rette unsere Zukunft!

Denke nie, Du hättest es geschafft.
Denke nie, Du wärst drüber weg.
Denn irgendjemand oder irgendwas,
legt Dir immer eine Erinnerung
auf den Weg des Vergessens...

Wolken im Hirn eines Fremden

Gewitter ! Blitze jagen über den Horizont!

Regen auf Asphalt. Feuchte Träume des Himmels.

Bäume versteckt im Donner der Leidenschaft.

Agonie der Sinne.

Sonnenuntergang über den Wolken. Das Wasser wird

schwarz und ich sehe die Wolken im Hirn eines

Fremden.

Kleine Geschichte der verlorenen Zeit

Treiben im All...
Zenit in der Sonne, um die eigene Achse drehend, den Planeten zur Wonne.

Sterne auf meinem Weg. Diamanten an der Halskette Gottes.
Silbern, strahlend, langsam aufgehend in der Zeit.
Materie explodiert, der Geist zerschmelzt. Glutofen der Gedanken.

Freudig strahlen Monde vor mir. Pulsierend im Blut des Lebens.
Ich sah Deinen Geist zerschmelzen, tausendfach in der verlorenen Zeit.

In einer Nacht wie dieser

Dunkles Zimmer, in dem eine Kerze brannte.
Ich versuchte mein Bewusstsein vor ihren Blicken zu schützen. Vor ihren Blicken, die in mir brannten, wie das Feuer der Hölle und des Himmels.

Die blauen Augen bettelten an den Pforten meines Hirns.
Ich ließ es zu ! Sie kamen näher und tiefer in mich.
Ihr Blick war gut ! Ihre langen Beine schlichen sich an mich heran und ihr blondes Haar verlor sich in meinem.

Ihre Augen brannten ! Ihre Haut roch !

Ich nahm ihren Duft in meine Seele auf. Ich blickte in die schwarzen Perlen, die in ihren blauen Seen schwammen.

Dämonische Stille !

Ihre Beine umklammerten meinen Hintern, ihre Augen wurden schwarz. Ihre Finger legten sich um meinen Hals und drückten das Leben aus mir heraus.

Ich nahm es hin ! Und ihre Lippen gaben mir dafür meine Belohnung. Es war das Letzte, was ich in meinem Leben zu spüren bereit war ! Ihre Fingernägel in meinem Hals, sah ich bereits als Sense des Todes. Ihren Duft, als der des Grabes. Ihre Beine wurden für mich zu Nägeln meines Sarges. Ihre Augen zu einem Meer des Todes aus dem es kein Auftauchen gibt !

Traum, der nie vergeht

Tage vergehen in Deiner Unschuld. Das Leben schaut uns rückwärts an.
Es gibt Farben, die brechen durch das Glas und Tage, die uns berühren wie ein Sonnenstrahl in kalter Nacht.

Ich gehe durch den Wintertag und sehe meine Gedanken spielen mit dem Wind.
Die Bäume im Zenit meines Bewusstseins beginnen ihre Früchte abzuwerfen.
Ich gehe weiter ! Treffe Leute aus meinem Leben.
Purpurfarbene Weggefährten aus längst vergangenen Zeiten.

Sie tanzen vor meinem Auge, ihre Beine schwimmen in der Luft. Der Morgen ist klar, wie ein Tag in einem Traum.

Sie schließen sich mir an und gemeinsam gehen wir diese gebogene Strasse entlang.

Ich singe und tanze mit ihnen und das Blut in meinem Herzen kocht vor Freude.
Langsam beginnen sie die Masken ihres Gewissens auszuziehen.
Vampire der Nacht in einem Traum, der nie vergeht.

Schwarzes Land

Ich höre den letzten Willen in mir, wenn ich Deinen Pfeil breche.

Der nun wieder da ist ! Den Pfeil, den ich kenne, so gut kenne, so gut wie mich selbst.

Hat es weh getan, als ich ihn zerbrach ? Oder war es nur ein ganz gewöhnlicher Schmerz in meinem mit flüssigem Licht durchdrängten Herz?

Herz reimt sich auf Schmerz....ist wie gebrochenes Erz !

Lichter brannten beim ersten Mal. Lichter brannten beim letzten Mal.
Lichter, gebrochen und sanft, wie die Farben deiner Augen.
Du geknicktes Mädchen im schwarzen Land.

Die Dunkelheit deiner Seele

Nun stehst Du wieder da im fahlen Licht der Sonne.

Schaust hinaus auf's graue Meer.

Die weißen Tauben sind verschwunden.

Sterne am Himmel, dort will ich leben.

In der Kälte des Alls, in der Dunkelheit deiner Seele will ich sterben.

Schiebst Gedanken durch den Kopf...leer und verbraucht.

Bis die Kerze erlischt, die geschlagen und gepeitscht durch kaltes Glas ihr schwarzes Licht auf meine Seele wirft, um dort zu kühlen was tief brennt.

Der Drang nach der Kälte des Alls, der Dunkelheit deiner Seele.

Der Wolf

Er war alt genug, älter als sein Verstand.

Er war groß und stark, jedoch sein Herz klein und schwach.

Seine Augen leuchteten vor Abenteuer, jedoch der Unmut war stärker.

Er wollte rennen, weit fort ! Weg von seinem Rudel, weg von seiner Bestimmung.

Er war das Tier, dem man seine Gottheit nahm. Er war das Kind der Nacht, er war der Wolf in mir !

Prolog zur Wiedergeburt

Tot liegt er im Schnee. Die Welt um ihn ein Trauerspiel. Die Toten, die Spieler und der Feind, der Souffleur.

Langsam bricht die Nacht herein, in grauen, kalten Schleiern legt sie sich über das Tal.
Die Berge werden größer, dämonisches Spiel der Farben. Parallele zu längst vergangenen Zeiten.

Der Wolf legt seine Arme über die Täler. Rot leuchten seine Augen in den Seelen der Toten. Hoch, hoch sollt ihr fliegen. Vögeln gleich. In die Lüfte empor. Wölfe heulen, kommen aus den dunklen Wäldern und jagen den Geächteten durchs Zwischenreich.
 Ich hab Hippokrene verloren, sprach der Dichter in seinem Raumschiff als er an Pegasus vorbei flog.

Liebesbrief

Lange Tage, lange Nächte. Es brennt ! Feuer in mir.

Ich sehe die Vögel in meinem Kopf. Sie fliegen.

Lassen mich hier.

Heute sitz ich hier und warte auf mein Leben. Lange ist es her, dass ich lebte.

Ich kann mich erinnern... als ich durch die Felder meiner Jugend glitt, war meine Seele frei, frei von Schuld.

Damals zog ich mit den Vögeln. Mein Sein zerfiel in Scheiben. Scheibenwelten durchwanderte ich in der Nacht. Sah die Sterne über mir. Ich sah ihre Geburt und ihren Tod.

Sternschnuppen zerfielen in meinen Augen. Vampir der Lust in einem Liebesbrief, vereint mit der Nacht.

Hab lange gebraucht um zu vergessen, lange vor meiner Jetztzeit. Ich hab lange mit dir abgerechnet. Aus dem Feuer wurde flackernde Glut, die manchmal, glaube ich, nicht mehr brennt. Schamanen tanzen um deine Glut, von der Hitze verbrannt. Doch sie tanzen weiter durch die endlose Nacht. Kein Morgen danach...alles ein Traum !

Deine Nähe

Nehmen wir an, es gäbe keinen Morgen.

Dies wäre der letzte Tag !

Nehmen wir an, dies wäre die Stille.

Dies wäre der letzte Tag !

Nehmen wir an, dies wäre die Offenbarung.

Dies wäre der letzte Tag !

Nehmen wir an, es gäbe Dich nicht.

Dies wäre mein letzter Tag !

Kleines Gedicht am Rande der Wirklichkeit

Zeitlose Stille in einem Traum, der nie vergeht.

Geräusche sterben am Zenit des Raumes.

„Hörst du?" sprach die Stimme.

„Siehst du das, was niemand sieht?"

An dem Strand meiner Selbst sah ich dich.

Purpurfarbener Engel in meinem Traum.

Dein Lächeln einer Blume gleich, die sich sanft in der Wiege der Schuld bricht.

Schwarzes Gewand, genäht aus deiner Unschuld.

Gefärbt mit deiner Liebe. Getragen von deinem Geist.

Äonen meiner Seele spiegelten sich in deinem Antlitz.

Äonen in einem Gedicht am Rande der Wirklichkeit.

Brief an eine gute Freundin

Ich sehe aus dem Fenster, es schneit.
Im Radio wünscht sich jemand, er wäre größer und
ich sitze hier in Agonie.
Versuche zu überleben! In meiner Seele ist Ruhe.

Ist diese Welt eigentlich genug für ein Leben ?
Gibt uns Gott eine 2.Chance ? Lässt er uns die
Fehler wiedergutmachen oder müssen wir mit
ihnen sterben ? Nehmen wir sie mit auf die Fahrt in
den Tod ?

Danke, dass ich mit Dir reden durfte ! Lange her
seit wir es taten! Es wurde Zeit, alte Ängste zu
vergraben. Es wurde Zeit, in uns aufzuräumen. Zeit
zu leben !
Ich hoffe, Du hast nicht gelogen. Wie ich es tat.

Panik, Angst vor der Weite unseres Weges verspürte ich nie. Stärker wurde ich, je näher ich unserem Ziel kam.

Komm rüber, sagte das Mädchen im schwarzen Land. Entfernte sich, kam näher. Der Spiegel zerbrach und Sommerschnee fiel auf meine Schulter. Der Spiegel zerbrach und Du bist nur noch eine Freundin.

Mach's gut, schreib zurück

In Liebe

Dein Gewissen

Rückblicke

Schrei wie der Wind im Zenit der Sonne.
Glas zerbricht im dumpfen Aufprall seiner selbst.
Hast du Angst? Bist du alleine? Willst du das?
Frag nicht! Tu es!Lebe wie dich selbst!

Gesehen hat nur der, der es sehen will!
Altehrwürdiger Seelenschrei.
Erhebendes Beben im Schoß der Nacht.
Vielleicht sehen wir uns irgendwann.
Lachender Clown im schwarzen Gewand.
Hast du gesehen, wie er über dich kam?
Warst du blind vor Sucht?
Wolltest du nicht dich selbst?

Warmer Frühlingsmorgen, dem Winter gleich.
Regen auf den Straßen.

Spielende Kinder lachend am Rande der Wirklichkeit.

Unheimliche Sehnsucht, nachdem was gestern zu sein schien.

Herbstgedanken

Ich schaue aus dem Fenster.

Es regnet.

Gedanken entweichen in den Wald.

Nebel legt sich über die Lichtung und ein Gefühl beschleicht mich.

Ist es die Trauer über den Sommer? Die Vorfreude auf die dunkle Jahreszeit?

Ist es etwas anderes?

Langsam öffne ich das Fenster, lehne mich hinaus.

Leichter Nieselregen legt sich auf meine Haut.

Nein ! Es ist etwas anderes, das meine Seele streicht ! Ein Gefühl wohl, das mich beschleicht.

Der Wald liegt still, kerzengerade nach oben gestreckt.

Ehrfurcht vor Gott? Zinnsoldaten gleich!

Das Lebenselixier

Im Schlafe von der Demut überrascht. Früh morgens deiner Gunst erlegen.
Im Trott des Tages aufgewacht und von deiner Schönheit erschöpft.
Im Rausche dich verlieren, zum Aufheben viel zu schwach.
So liegst du da, in deiner Gestalt, und ich im Siege....ungewiss!

Gib mir deinen Gott

Langsam öffnet sich der Morgen. In meiner Seele bleibt es dunkel. Sie ist noch von der Nacht umschlungen, gibt sie nicht frei !
Sehnsucht in schwarz gehüllt. Will, das es endlich geschieht !
Gib mir dein Licht ! Gib mir deinen Gott !

Lange werde ich warten. Lange werde ich tanzen um das Feuer der Unschuld.
Nackt und dunkel der Flamme mich ergeben.
Ich brenne ! Brenne meine Seele heraus. Ich sehe Dich, oh Gott, auf deinem Pferd.
Du lachst und feuerst mich an. Blasphemische Lügen beiderseits abgestreift. Du verstehst mein Flehen.

Ich spüre deinen Geist durch mich sprechen, fühlen und wandern. Brennendes Glück mit uns vereint. Gib mir dein Licht ! Gib mir deinen Gott ! Herbstgedanken zum Sterben bereit. Ich sehe dich im tiefen Tal meiner Selbst auf einem Adler reisen. Glaube an deinen Sinn. Fliege zu mir. Nebelgedanken umstreichen meine Augen. Es friert und der Teufel verliert seine Macht ! Ich sehe klar, klarer durch die Wälder meines Lebens und deiner Kraft. Komm rüber und entferne dich nicht !

Rebecca (Eine Nacht vielleicht)

Trance verfallen liegst du da in einem Meer voll Blumen. Dort liegst du und schläfst zufrieden zwischen dem Vergangenen und der Zukunft.
Ich möchte dich besuchen in deinem Traum und mit dir ganz sanft entschweben.
Ich sehe dein Haar auf deinen Schultern. Sanft spiegelt es sich in der Kerze.
1000 Farben. Deine Nase stößt ganz sanft an meine Hand und wartet dort gebannt auf ihre Zuflucht.

In einem Leben, lange vor deinem, sahen die Blumen einmal anders aus. Damals waren sie nicht so rot und gefangen von deinem blitzenden Stolz.
Damals warst du nicht geboren.
Ich ging alleine durch die Nacht und versuchte mich zu finden und mein Sein zu begreifen.

Rebecca, eine Nacht vielleicht, eine Nacht in deinen Blumen

Rebecca, eine Nacht vielleicht, eine Nacht in 1000 Farben.

Mein Lichtertraum

Diese Stille in deiner Bewegung. Die Mühe in deinem Geist, lässt mich deine Grazie und Anmut nur erahnen. Deine Sehnsucht nach Leben, deine Suche nach Leidenschaft, nur schwer beschreiben. Deine Augen spiegeln sich frech in 1000 Farben.
Dein Mund erzählt mir deine Magie. Sanft schwebe ich in deinen Schlaf und streichele deine göttliche Hingebung. Deinen Zauber und dein brennendes Feuer, das meine Sehnsucht und Leidenschaft von Neuem entfacht und sie nur noch größer macht.

Prinzessin des Lichts, lass mich mit dir die Bilder unseres Lebens interpretieren.

Unsere Jahre zählen und sie auskosten. Lass uns
gemeinsam die Sinne Gottes und der Leidenschaft
spüren, weil du die Eine bist, die mich
treibt, diese Zeilen zu schreiben.

Erfahrungsbericht

Die Frau am Fenster, die mich mit ihren kindlichen Augen eben anlächelte, ahnt nichts von der drohenden Gefahr, die von dieser Gesellschaft ausgeht. Sie ist jung geblieben und hat sich ihre Naivität bewahrt, die sie vor allem Bösen beschützt. Nach kurzer Überlegung lächelte ich zurück und war mir dabei sicher, sie alleine gelassen zu haben.

Danksagung:

Ich danke meiner Frau Rebecca und meiner Tochter Johanna für jedes Lächeln, das sie mir ins Gesicht zaubern und für die vielen schönen Jahre.

Ich danke auch Andrea Schmidt für die Durchsicht der Unterlagen und auch dafür, dass sie mir beigebracht hat, dass Kommasetzung einfach nicht mein Ding ist. Und natürlich auch ein herzliches Dankeschön für das Bild auf dem Cover.

Auch möchte ich meinem Leben danken! Ohne die Dinge, die in ihm passieren und passierten, wäre ein Gedichtband wie dieses kaum vorstellbar.

Ein besonderer Dank gilt auch meinen Eltern. Dafür braucht man keine Begründung!